CÓMO SE CONSTRUYE UNA CASA

EDICIÓN ACTUALIZADA

GAIL GIBBONS

HOLIDAY HOUSE · NEW YORK

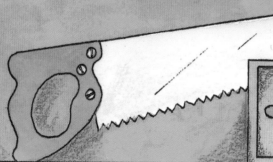

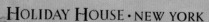

Para Kent

Se agradece especialmente a Christine A. Hobson,
Ing. Profesional, Ingeniera Principal, Moore Associates.

Muchas personas viven en casas.

cabaña de troncos

casa de piedra

Hay muchos tipos de casas.

casa de adobe

casa de bloques
de cemento

Se construyen con diversos materiales.

casa de ladrillo

casa de vidrio

casa de madera

Las casas también se construyen en muchas formas y tamaños.

arquitecta

Este es un ejemplo de cómo se construye una casa de madera.
Primero, una arquitecta dibuja los planos.

La arquitecta consulta con un ingeniero que se encargará de diseñar la estructura y los cimientos de la casa. Luego la arquitecta recomienda a un contratista general, que se encargará de construir la casa.

plomeros albañil electricistas especialistas en calefacción instaladores de paneles de yeso pintores paisajistas

Durante los próximos meses, el contratista general contratará a todas estas personas para completar el proyecto. El contratista general se asegura de que todo se haga según lo previsto.

prisma y bastón

topógrafo

nivel

En la obra, el topógrafo mide los cimientos mientras otra trabajadora ayuda. Las esquinas de la casa se marcan con estacas de madera y se perfora un pozo.

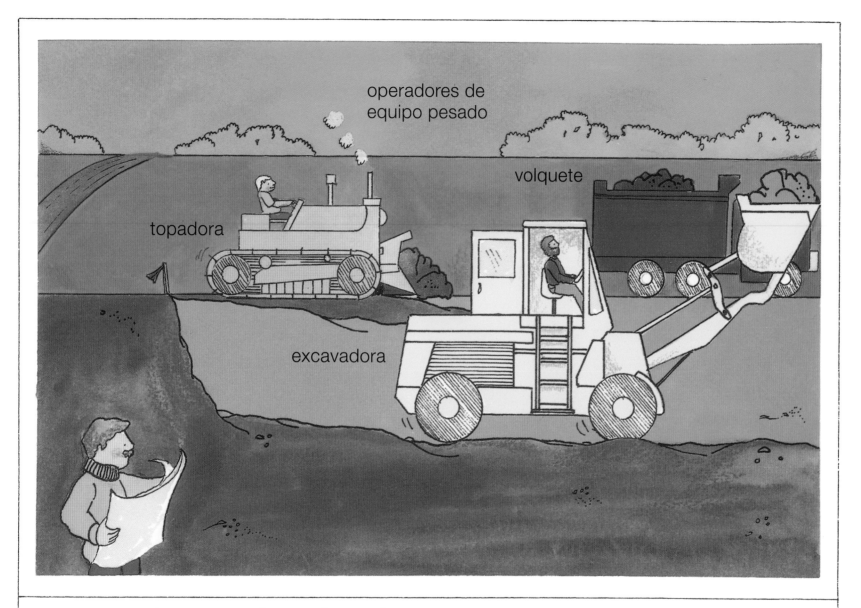

Los operadores de equipo pesado vienen ruidosamente por la carretera. Cavan un hoyo donde irán los cimientos. Los cimientos soportarán el peso de la casa.

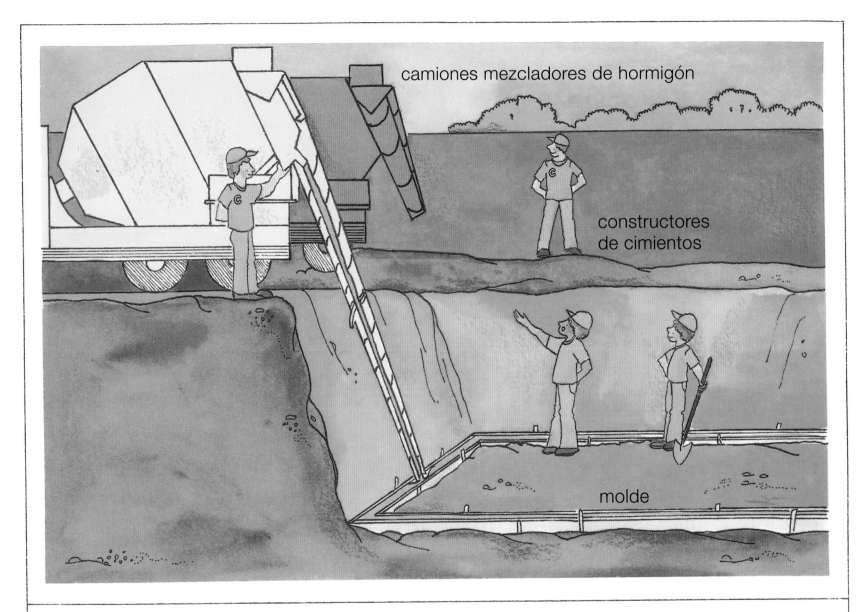

camiones mezcladores de hormigón

constructores
de cimientos

molde

Luego llegan los constructores de cimientos. Cavan zanjas
en los bordes. Después recubren las zanjas con tablas para
hacer un molde. Llegan camiones para verter hormigón.

base

Cuando el hormigón está duro, se retiran las tablas. Esta es la base de los cimientos. La base hará que la casa quede firme y estable.

Los constructores de cimientos construyen cimbras o moldes sobre la base para los muros de cimentación. Los camiones van y vienen hasta llenar los moldes. Se vierte y se alisa el hormigón para el suelo del sótano.

revestimiento

Los moldes se retiran cuando el hormigón está duro. Se aplica un revestimiento al exterior de las paredes para que la humedad no pueda entrar. Luego, la topadora rellena la tierra contra el exterior de los cimientos.

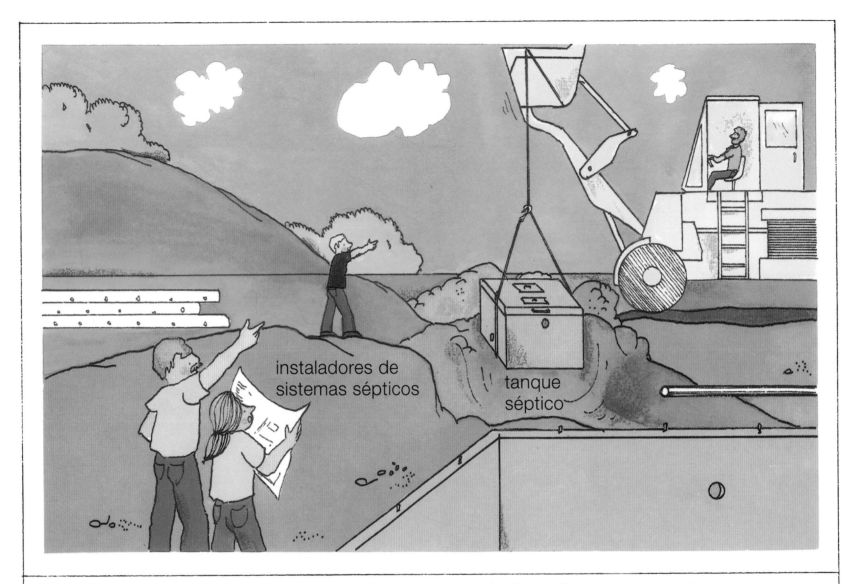

instaladores de sistemas sépticos

tanque séptico

Llegan los instaladores del sistema séptico. Cavan un agujero o fosa y depositan un tanque séptico en él. Una tubería pasa desde el sótano hasta la fosa séptica. Los residuos del desagüe de la casa fluirán a la fosa séptica.

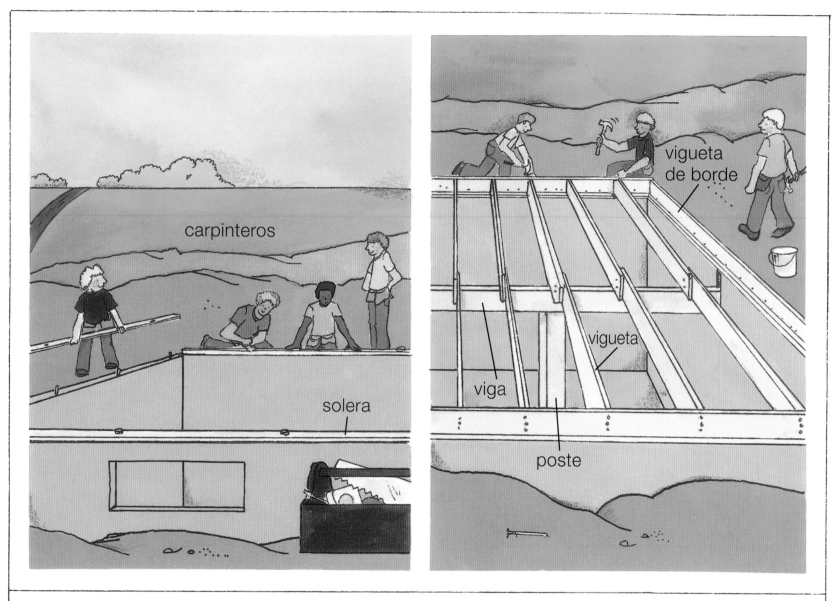

¡Aquí vienen los carpinteros con sus herramientas! Colocan tablas para la solera sobre la parte superior de los pernos de anclaje de los cimientos. Luego, clavan en su lugar tablas más pesadas, llamadas viguetas.

cubierta

Los carpinteros clavan o atornillan láminas de madera contrachapada a las viguetas, formando lo que se llama una cubierta. Es el piso de la casa.

tira de metal

barras de refuerzo

dintel

montante

durmiente o solera

A continuación, comienzan a armar la casa. Estudian los planos de la arquitecta. Cortan piezas de madera a su tamaño correcto. Clavan las partes de una pared exterior de la casa. Los carpinteros levantan la pared y la clavan en su lugar. Luego clavan tiras de metal a lo largo del exterior que se conectan con las tablas de borde y el muro de cimentación como protección contra huracanes y terremotos.

Se levanta otra pared… y otra más.

apertura de ventana   apertura de puerta

Por fin, todas las paredes están en su lugar.

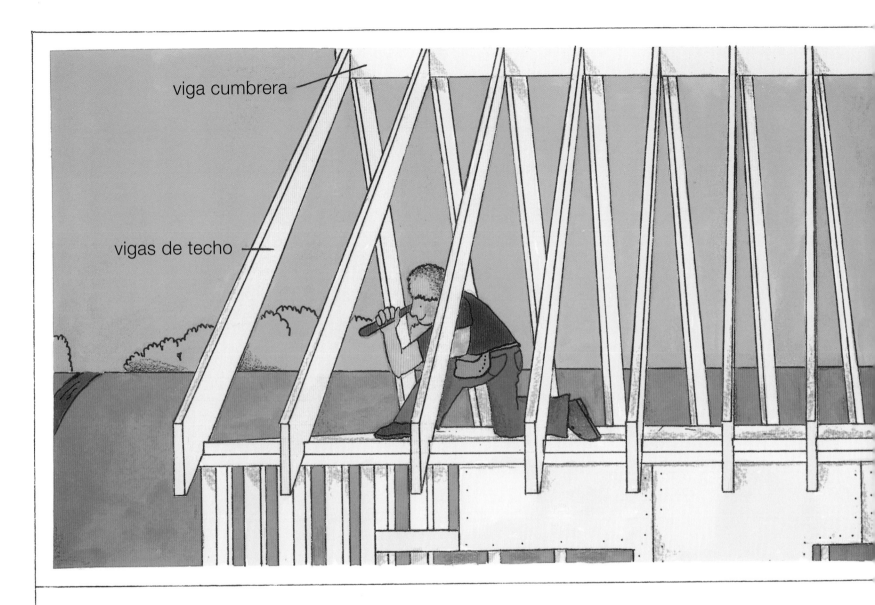

viga cumbrera

vigas de techo

Ahora los carpinteros arman el techo. Clavan las vigas transversales a la viga cumbrera. Pronto el armazón de la casa estará completo.

revestimiento

membrana

Comienzan a encerrar la casa clavando láminas de madera contrachapada al exterior del armazón. Esto se llama revestimiento. Luego cortan los espacios para las ventanas y las puertas. Clavan membrana impermeabilizante al exterior de la madera contrachapada para evitar la entrada de humedad.

arnés de
seguridad

teja

tablilla

En el techo, un carpintero se dedica a clavar tejas.
Otros carpinteros clavan tablillas a los lados de la casa.
Día tras día el trabajo continúa.

albañil

El albañil casi ha terminado de construir la chimenea.
Se instalan ventanas y puertas.

Dentro de la casa, las paredes interiores se clavan en su lugar.
Un electricista pasa cables por las paredes hasta los enchufes e
interruptores. Los plomeros instalan las tuberías que llevan agua a los
grifos y transportan los desechos de los desagües al sistema séptico.

instaladores de paneles de yeso

interruptor

aislamiento

masilla para juntas

Se mete material aislante entre los montantes para mantener el calor dentro de la casa. Los instaladores de paneles de yeso cortan y clavan los paneles de yeso en su lugar. Después aplican masilla en las juntas de los paneles para hacer paredes lisas.

marco

pintores

A continuación, se clavan los suelos. Se colocan los marcos
de las ventanas y puertas. Los pintores pintan las paredes.

especialistas
en calefacción

¡Ya casi está listo todo! El electricista conecta las lámparas. Se instalan gabinetes. El plomero coloca la bañera, los inodoros y los lavabos. Se instalan la caldera y los conductos de aire caliente.

Afuera, los paisajistas notan que el césped que plantaron comienza a crecer. Cavan un agujero para un arbusto más.

Durante muchos meses este ha sido un lugar muy ajetreado. Por fin el trabajo está hecho. Ahora la casa está lista para convertirse en un hogar.

ALGUNOS DATOS SOBRE LA CONSTRUCCIÓN

Los contenedores marítimos también se pueden utilizar para construir nuevas viviendas.

El hormigón está formado por tres componentes básicos: agua, cemento, y roca, arena o grava.

En 1970, el Congreso de EUA creó la Administración de Seguridad y Salud Ocupacional (OSHA) para garantizar condiciones laborales seguras y saludables para las trabajadoras y los trabajadores.

La casa de césped fue una alternativa común a la cabaña de troncos durante la colonización fronteriza de las Grandes Llanuras de Canadá y Estados Unidos. Construir una casa de césped implicaba cortar parches de césped en rectángulos y usarlos para las paredes y los techos.

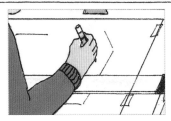

Louise Blanchard Bethune (21 de julio de 1856-18 de diciembre de 1913) fue la primera mujer estadounidense que trabajó como arquitecta profesional.

La carpintería tradicional japonesa, que tiene más de 1 000 años, no utiliza clavos. Más bien, se unen piezas de madera. A esto se le llama "machihembrado".

Algunas casas se construyen con "madera recuperada", lo que significa que los viejos graneros y otras estructuras se desarman pieza por pieza y la madera se utiliza para construir casas enteras, o partes de ellas.